AF253506

SOCIÉTÉ D'ETHNOGRAPHIE NATIONALE ET D'ART POPULAIRE

CONGRÈS DE SAINT-JEAN-DE-LUZ, 1897

Les Basques
ont-ils une histoire?

CONFÉRENCE

PAR

M. Adrien PLANTÉ

PRÉSIDENT DE LA SOCIÉTÉ DES SCIENCES, LETTRES ET ARTS DE PAU
INSPECTEUR DIVISIONNAIRE
DE LA SOCIÉTÉ FRANÇAISE D'ARCHÉOLOGIE
ASSOCIÉ CORRESPONDANT NATIONAL DE LA SOCIÉTÉ DES ANTIQUAIRES DE FRANCE
MEMBRE CORRESPONDANT DE L'ACADÉMIE ROYALE D'HISTOIRE DE MADRID
ETC., ETC.

LIGUGÉ (VIENNE)

IMPRIMERIE SAINT-MARTIN

1898

LES BASQUES ONT-ILS UNE HISTOIRE?

PAR

M. ADRIEN PLANTÉ

LES BASQUES ONT-ILS UNE HISTOIRE?

PAR

M. ADRIEN PLANTÉ

PRÉSIDENT DE LA SOCIÉTÉ DES SCIENCES, LETTRES ET ARTS DE PAU
ASSOCIÉ CORRESPONDANT NATIONAL DE LA SOCIÉTÉ DES ANTIQUAIRES DE FRANCE
INSPECTEUR DIVISIONNAIRE DE LA SOCIÉTÉ FRANÇAISE D'ARCHÉOLOGIE
MEMBRE CORRESPONDANT DE L'ACADÉMIE D'HISTOIRE DE MADRID

Mesdames, Messieurs,

Parler des Basques, en présence des Basques, sans avoir l'honneur d'être Basque soi-même, n'est-ce pas se montrer trois fois audacieux?

J'ai une excuse : je suis Béarnais. Or, vous savez tous que, depuis l'annexion de la grande France au petit Béarn par notre bon Henri IV et ses vaillants parpaillots, les Béarnais se sont permis bien des audaces.

Aussi bien, sous le bénéfice du vieux dicton latin qui promet aux audacieux tous les sourires de la fortune, représentée ici pour moi par l'aimable indulgence de cette admirable assemblée, me suis-je empressé de répondre à l'invitation qui m'était faite, au nom du Comité d'organisation des Fêtes de la Tradition du Pays Basque, par mon vieil ami, M. le docteur Goyenèche, Maire de Saint-Jean-de-Luz.

S'il n'était pas si près de moi, je vous dirais combien il est insinuant et aimable : il veut ce qu'il veut, et le veut si bien, qu'il est bien difficile de lui refuser quelque chose.

Je suis venu me mettre à ses ordres et chercher avec lui un sujet digne de vous être offert aujourd'hui.

Quand il m'a soumis le tableau des œuvres promises par tant d'auteurs basques jaloux de faire connaître et de célébrer les mérites du Pays Basque, j'ai senti, je vous l'avoue, défaillir mon courage.

Philosophes, poètes, philologues, paléographes, jurisconsultes, historiens, artistes et savants de tout ordre ont depuis déjà longtemps déposé le titre de leurs travaux : il ne restait que fort peu de choix au pauvre conférencier béarnais ; il semblait que la question basque était épuisée : j'étais venu trop tard.

Je demande à M. le docteur Goyenèche s'il n'y a pas une histoire complète des Basques, dans laquelle je pourrai, avec son aide éclairée, trouver à mon tour un sujet... M. le Maire, en Basque fier et confiant, me répond : « Les Basques sont comme les femmes honnêtes : ils n'ont pas d'histoire ! »

Et bien, Mesdames et Messieurs, nous allons leur en faire une... Il est vrai qu'hier j'entendais dire dans un sermon prononcé dans un superbe langage basque, dont j'admirais en l'enviant la sonorité tout à la fois énergique et souple : « Heureux les peuples qui n'ont pas d'histoire ! »... Je ne veux rien enlever à ce bonheur, mais l'histoire se fera toute seule. Le mot du Maire me servira de texte ou d'épigraphe, et le Comité d'organisation, si éminent dans son intelligence, dans son zèle et dans son érudition, me permettra de vous présenter cette très modeste causerie, comme la préface de l'histoire complète et absolument documentée dont il est en train, par son Exposition et les travaux du Congrès, d'écrire les pages les plus intéressantes et les plus belles.

Donc, si vous le voulez bien, nous étudierons ensemble tout d'abord les problèmes nébuleux de l'origine des Basques et leurs luttes triomphantes pour la vie ; remarquez que je dis : *nous étudierons* ces problèmes ; je me garderais bien de vouloir les résoudre. Puis nous nous demanderons ce qui a fait la force de cette petite nationalité toujours si féconde et si vivace, et nous arriverons à établir — ceci nous reposera un peu, Mesdames, des Grecs et des Romains forcément invoqués par moi dans le cours de ma conférence, — nous arriverons, dis-je, à établir que nos ancêtres ont dû une partie de leur force à l'ascendant que, chez eux, ils ont toujours laissé prendre à la femme.

Enfin, après un rapide coup d'œil sur l'influence des grands faits de l'histoire moderne dans l'existence des Basques, nous admettrons cette conclusion logique, nécessaire : le peuple basque, qui est, qui a toujours été, ne peut pas ne pas être toujours.

I

Tous les auteurs qui se sont occupés des Basques semblent s'être mis d'accord pour déclarer que l'on ne connaissait rien ou pas grand chose sur leur origine, ou sur leur existence primitive, en dehors de quelques hypothèses dont le champ s'ouvrait fort large devant eux.

De là, des fables et des légendes qui ont fait de vos ancêtres des portraits très peu flatteurs, terrifiants même : la reproduction que je vous en donnerai ne devra pas vous froisser — il n'y a que la vérité qui froisse, — mais le bien que les modernes en ont déjà dit et celui que nous sommes, tous, disposés à vous en dire encore vous dédommagera amplement du mal que les anciens ont pu en penser.

Et finalement vous serez amenés à penser avec moi que, pour des gens qui n'ont pas d'histoire, du moins beaucoup d'historiens se sont occupés d'eux.

Et d'abord les légendes ! *Le grand serpent* ou le *grand feu* dort sous le massif immense des Pyrénées : dans son sommeil, agité en de grands soubresauts, il soulève les montagnes. De ses sept gueules béantes s'échappent des volcans... le feu détruit tout, pour purifier d'abord le globe et le vivifier ensuite... Le Pays Basque naît de ces torrents mythiques.

Les monstres peuplent les forêts : les souterrains de Balsola, en Biscaye, restent défendus par une vénération mêlée de crainte. L'homme des bois et la femme sauvage qui y habitent y font des apparitions dont les récits terrifient encore les veillées de nos chaumières ; tandis que, du mont Anhie, arrivent les échos enchanteurs de noces mystérieuses : ce sont les noces de la séduisante Maïthagarri et du beau Luzaïde... ouvrant des horizons poétiques et charmants à l'imagination enflammée de la race du feu...

Oui, Mesdames et Messieurs, voilà vos ancêtres, vos premiers pères : au dire de la légende, vous êtes les fils et les filles du grand feu initial, c'est-à-dire du soleil.

Oh ! ne rougissez pas de pareille origine : certes, elle est des plus honorables et n'a rien qui nous puisse surprendre ; elle nous explique suffisamment certaines beautés ethniques que notre admiration se plaît à relever en vous, certains éclairs lumineux qui animent votre physionomie si attirante, certains élans qui sont la caractéristique de vos cœurs ardents et généreux, en même temps qu'ils témoignent d'un brillant, d'un très glorieux atavisme. Légende, n'est-ce pas ? Légende, soit ! Mais, comme l'a dit Voltaire, il n'y a pas « jusqu'aux légendes qui ne puissent nous apprendre à connaître nos nations ».

Dans tous les cas, il n'y a de légende que lorsqu'il y a un fait mystérieux dont la curiosité populaire demande anxieusement l'explication : or, ici, le fait, c'est l'existence du peuple basque : il est, donc il a été un jour...

Mais de quand date-t-il ?

Mais d'où vient-il donc ?

La légende doit nécessairement, à un moment donné, céder le pas à l'histoire : l'hypothèse ne peut nuire à la thèse et réciproquement...

Il vient d'où sont venues toutes les générations humaines :

Race patriarcale, qui, au moment où, du berceau de l'humanité, l'Asie, les peuples se répandirent sur la terre, s'élança elle aussi de l'Orient vers l'Occident, obéissant à cette loi fatale qui, depuis le commencement des âges, pousse l'homme vers les régions encore insondées où le soleil se couche.

L'Occident, demeure du soleil, séjour des dieux, était pour les peuples primitifs la région bénie de leurs rêves ; car dans le voisinage des dieux et sous leur protection les hommes devaient être les plus justes et les plus heureux de la terre.

Les grandes invasions venaient de l'Orient, suivant toujours la direction de l'Occident.

De nos jours encore, depuis Christophe Colomb jusqu'au dernier paquebot qui part de nos grands ports maritimes, n'est-ce pas toujours vers l'Occident, vers l'Amérique, que l'homme se dirige ?

Jetez un regard attentif vers la civilisation nouvelle qui se constitue incessamment dans les États-Unis d'Amérique ; suivez ces longs convois aux chars bondés de meubles, de provisions et d'outils, qui se prolongent sur les routes à peine esquissées de ces régions presque vierges encore.

C'est le pionnier qui passe, à la recherche d'un fonds encore inexploité, pour faire, défaire, refaire sa fortune au gré de ses caprices ou des besoins de sa famille sans cesse grandissante.

Il va vers l'Ouest... ses fils iront comme lui vers l'Ouest et, comme eux, leurs descendants iront toujours vers l'Ouest, chercher l'aisance, le bonheur, la vie... loi fatale, je le répète, tendance mystérieuse des migrations humaines.

Et c'est ainsi qu'à une époque dont, après tout, il nous importe peu de connaître la date précise, qu'aucun document ne saurait nous donner, c'est ainsi que dans ce coin de la terre nommé Ibérie par les anciens des temps les plus reculés, parce que ses premiers habitants s'appelèrent Ibères, s'installa une race superbe, étrange... Elle s'y établit, et, toujours jeune, toujours vivace... elle y est encore.

Si, selon l'expression des anciens, le pays d'Occident est le pays où le soleil trouve le repos après les fatigues de sa course diurne, le nord de l'Espagne ou Ibérie réalisa peu, il faut en convenir, pour vos pères, le rêve touchant.

La lutte pour la vie fut la condition première et constante de son existence agitée.

Quels étaient ces hommes ?

On s'est demandé s'ils étaient Phéniciens, Celtes, Gaulois, Carthaginois ? s'ils avaient des affinités de race avec les peuples nombreux qui ont passé sur leur sol, véritable champ de bataille de la mêlée humaine depuis le commencement de l'histoire ?

Les Celtes les englobèrent ; des Phéniciens ils connurent l'or et les pierres précieuses que ces hardis navigateurs portaient le long de nos côtes jusqu'en Bretagne, jusqu'en Norwège, où dans des *tumuli* on rencontre le jade et la turquoise, produits de l'Asie. Ils reçurent les Carthaginois d'Annibal, ils traitèrent avec eux ; ils luttèrent avec les Gaulois. Que vous les nommiez Ibères, Vascons, Basques, Euskariens, Cantabres, c'est toujours le même peuple..., peuple un et *unique en son genre*, pardonnez-moi cette expression triviale, mais bien méritée, car il fut le seul capable de résister aux Romains.

Habituée à vaincre partout, à imposer sa civilisation dissolvante, Rome s'arrêta surprise de la résistance des *Cantabres* ; c'est ainsi que la première civilisation qui prend contact avec eux les appellera désormais.

Ils refusèrent résolument de se laisser absorber par la puissance universelle : le monde connu est soumis : seul le Cantabre n'obéit pas.

Cette résistance enfante des légendes nouvelles : il n'y avait alors ni télégraphes ni presse quotidienne, et cependant les nouvelles se propageaient avec une incroyable rapidité : le reportage de l'époque était aussi alerte que celui de notre fin de siècle; je ne dis pas qu'il était plus exact.

On racontait à Rome des choses étranges de la vie de vos ancêtres, et les écrivains grecs et romains ne se font faute de remplir leurs écrits de racontars effrayants.

Horace, malgré son génie poétique, n'avait pas l'esprit militaire, il l'avoue ingénument : destiné à la carrière des armes, dès la première bataille à laquelle il assiste, il prend la fuite, laissant son manteau à une ronce qui lui semble être la main d'un ennemi qui veut le faire prisonnier : il se garde bien de se retourner pour s'en assurer...

Et, tandis que sous les berceaux de Tibur, il savoure la coupe de Falerne ou de Lesbos en l'honneur du divin Auguste, du généreux Mécène ou de l'aimable Tyndaris, sa quiétude est troublée par les nouvelles des Pyrénées. Il est hanté par le spectre du farouche Cantabre, belliqueux, violent, insoumis; on n'a pas l'idée d'un peuple qui ose se permettre de refuser le joug de Rome... il en parle et s'en indigne à tout instant.

Pendant trois siècles, la lutte continue : Pline, Juvénal, Silius Italicus, Florus, tous les grands organes de Rome en frémissent : il paraît que ces vieux ennemis des Romains vont au combat la tête nue : ils ne craignent ni le froid, ni le chaud, ni la soif, ni la faim... ce sont tous ces auteurs romains qui le racontent... leur rendant ainsi un bel hommage inspiré par la terreur qu'ils provoquent.

Il y a plus : leur arme offensive est redoutable : c'est une épée courte, large, à deux tranchants... Les Romains se hâtent de l'adopter pour leurs troupes d'élite... Vous le voyez, il n'y a rien de nouveau sous le soleil : l'esprit d'imitation est de toutes les époques.

Et Lucain, habitué cependant aux tristesses de la guerre civile, qu'il a minutieusement décrite dans sa *Pharsale*, mais peu préparé, sans doute, aux belles leçons du véritable patriotisme, déclare emphatiquement que *vos pères sont devenus l'horreur et l'épouvante du genre humain.*

Heureux les peuples, Messieurs, dont l'histoire pourra dire que, dans la défense du sol natal menacé, souillé, violé par l'ennemi, dans la défense de leurs droits nationaux méconnus, ils sont devenus l'horreur et l'épouvante du genre humain !

Cela prouvera simplement qu'ils auront fait leur devoir...

Or, le devoir accompli ne peut épouvanter que ceux qui n'en ont point la notion sainte, ne peut effrayer que les cœurs prêts à toutes les capitulations, à toutes les servitudes, à toutes les hontes !... Oui, les Cantabres sont la terreur des troupes de Scipion ; ils refusent les avances de César, dont le lieutenant Crassus les défait dans les plaines de l'Aquitaine : il déclare avoir écrasé 5o.ooo hommes, tant Cantabres qu'Aquitains !

La Bourse de Rome se rassure, et les flâneurs du pont Milvius, du Forum ou de la Basilique vont pouvoir à l'aise reprendre leurs galantes causeries...

Mais Rome n'est pas seulement conquérante : elle est encore parfois très diplomate.

Elle comprend qu'elle ne doit pas méconnaître l'incontestable valeur de ce peuple qui défend les passes des Pyrénées : elle se décide à entrer en pourparlers avec lui.

La politique des résultats lui réussit mieux avec les Basques que celle de la conquête.

De leur côté, les Cantabres sentent le prix de leur alliance : leur flair politique leur fait comprendre l'intérêt qu'ils peuvent avoir à s'allier avec Rome : s'allier avec un plus puissant que soi, ce n'est ni s'humilier ni se soumettre.

Aussi les voyons-nous, pendant la guerre civile romaine, prêter ou refuser, tour à tour, le concours de leurs forces à qui le sollicite, et tantôt fournir à César de précieux auxiliaires dont il se félicite d'avoir eu l'assistance, tantôt aider vigoureusement Pompée à Pharsale.

En un mot, véritable jeu de bascule, qui leur permet de jeter, selon les circonstances, dans la balance des combats leur épée redoutable.

Ils deviennent les alliés fidèles de l'Empire ; en retour Vespasien leur confère le droit de Latium ; Caracalla, le droit de bourgeoisie ; plus tard, Justinien les comblera de distinctions et de faveurs.

Ne croyez pas qu'ils se soient laissé prendre à l'appât de toutes ces faveurs... ils ont vu dans cette alliance définitive le moyen d'assurer leur indépendance ; leur esprit essentiellement pratique les a heureusement servis ; grâce à cette alliance, en effet, ils ont pu faire face aux premières grandes invasions, Vandales, Sarmates, Alains..., en attendant les Wisigoths, les Francs et les Sarrazins.

Dès le commencement du cinquième siècle c'est pour eux une lutte incessante : le flot passe... la nationalité basque subsiste toujours !

Pourquoi ?... Ainsi que nous le verrons tout à l'heure, c'est parce qu'appuyée sur des traditions aimées, elle a pu se constituer sagement, librement en peuple législateur, *ne connaissant d'autre maître que sa parole*, et ne cherchant pas dans de vagues utopies la réalisation de vaines et chimériques aspirations.

Cependant, vers le septième siècle, elle veut avoir son tour : sa patience a fini par se lasser.

Après Vouillé, Clovis et ses fils occupent l'Aquitaine : les Basques ou Vascons sortent de leurs montagnes et envahissent la Gaule méridionale : l'Aquitaine s'appellera désormais la Vasconie ou la Gascogne.

Et quand je parle des Basques ou Vascons, il est bien entendu qu'il s'agit toujours de la fédération basquaise, comprenant les peuples vivant sur les deux versants des Pyrénées *jusqu'à la rive gauche de l'Ebre...*

Basques, Vascons, Navarrais, formant un seul peuple, ayant dans une commune origine puisé une constitution une, ayant conservé une langue une, elle aussi, à travers les siècles, qui en ont respecté la mystérieuse harmonie.

Ces peuples, ou mieux tout ce peuple a pris part à l'invasion de l'Aquitaine... on comprend sans peine ce besoin d'extension : trois cents ans d'occupation, de compression wisigothique, c'était une cruelle épreuve pour son tempérament guerrier. Les Francs les ont exaspérés ; les refoulements incessants, qu'après les Mérovingiens les Carlovingiens leur font subir, excitent encore leur haine ; ils attendent une occasion pour montrer la force de leurs bras : les échos du pas de Roland, le cri de douleur du vieil empereur réputé invincible, les coups de la Durandal qui, sans se briser, tranche la brèche historique, vous disent assez que l'occasion a été trouvée.

Mais la revanche fut terrible, la succession de Charlemagne

démembra la vieille Aquitaine : elle donna la Gascogne au descendant des anciens princes aquitains ; la Bigorre fut érigée en comté, le Béarn en vicomté, et les Basques, définitivement refoulés par Louis le Débonnaire, vont panser leurs blessures pour se jeter, bien vite après, avec les successeurs de Pélage, dans la grande lutte contre les Sarrazins.

Sans les suivre dans ces guerres héroïques, nous devons reconnaître que nous retrouvons là le Basque toujours égal à lui-même.

Avec les rois chrétiens, ils chassent de l'Espagne les Maures qui l'occupent depuis huit cents ans ; de cette guerre de reconquête naît cette noblesse qui en est la récompense légitime : noblesse de terre pour la *Biscaye*, le *Guipuzcoa* et le *Labourd*, noblesse de sang pour l'*Alava* et la *Navarre*, tous se déclarant aussi nobles et parfois plus nobles que les rois.

La Navarre, vers la fin du quinzième siècle, dépendit de la couronne de Béarn, dont les princes prirent enfin le titre longtemps disputé de *rois de Navarre* ; mais quand Ferdinand le Catholique veut étendre encore ses domaines, sur lesquels bientôt le soleil ne se couchera plus, la Navarre est menacée.

Il faut au nouveau roi des Indes, d'un côté, la limite de l'Océan Pacifique, de l'autre, la ligne extrême des Pyrénées. Un prétexte est bien vite trouvé pour envahir la Haute-Navarre et l'enlever, en 1512, au faible Jean d'Albret, qui bientôt après meurt, entendant sa femme Catherine de Béarn-Foix, énergique et fière comme toutes les princesses nées sur la terre franche, déclarer avec une amertume mêlée d'orgueil : « Ah ! si nous fussions nés, vous Catherine, et moi Jean, nous n'aurions pas perdu la Navarre. »

Nous voici au commencement du seizième siècle : la fédération basque a été brisée, l'union de la Castille à l'Aragon achève l'unité espagnole.

Les provinces basques espagnoles ou bien se constituent en État libre, comme la Biscaye, dont les souverains d'Espagne, dans les formules de serment qui leur sont imposées, ne prennent que le titre de *seigneur*, et non de *roi*, ou bien se donnent à la Castille, comme le Guipuzcoa, en spécifiant le maintien de leurs immunités nationales.

Le lien qui rattachait les frères des deux versants n'existe plus, si ce n'est à l'état de souvenir, que les compétitions des rois tendent chaque jour à faire disparaître, et nous assistons alors à des luttes fréquentes entre peuples faits pour s'aimer.

Il est vrai que si le sentiment fraternel disparaît, l'amour du sol
natal, l'orgueil national lui survit toujours, feu sacré entretenu
pieusement dans le cœur de tous par une fidélité qui ne se dément
jamais!

C'est avec une fierté bien légitime que depuis, sur les deux
versants, on raconte que c'est un pilote basque, Alonzo Sanchez,
qui inspira au Génois Christophe Colomb sa merveilleuse décou-
verte ; ce sont des Basques, qui, après avoir vaincu les Maures,
ont formé les équipages de la plupart des conquérants du Nouveau
Monde...

C'est un Basque, Elcano, qui le premier a fait le tour complet
du monde.

Ce sont trois mille Basques espagnols qui à Pavie décidèrent du
sort de la bataille, et c'est un Basque, *Jean d'Urbieta*, qui reçoit
l'épée de François Ier, dont la vaillance sans tache trouve, en la
lui remettant, que si tout est perdu, du moins l'honneur est sauf...

Il est vrai que ce fut un Béarnais, Henri II de Navarre, qui aida
le roi de France à sortir de captivité, arrachant à Charles-Quint
cet hommage flatteur : « Je n'ai connu qu'un homme en France, et
c'est le roi de Navarre! »

Et pendant des siècles encore, les Basques espagnols, jaloux de
leurs gloires, luttent, combattent, versent leur sang pour leur
indépendance et chantent leurs exploits.

Et c'est pénétré de ces sentiments, enflammé par ces souvenirs,
qu'un jour, il n'y a pas bien longtemps de cela, un humble barde
de vos montagnes basques part du village de Villareal avec ses
deux vieilles compagnes : sa guitare et sa foi. Il va parcourant les
grandes capitales, jetant à pleine voix les notes étranges d'un
hymne auquel personne en Europe ne comprend rien, mais que
personne ne peut entendre sans se sentir profondément ému...
Guernikaco Arbola, hymne de passion intense, comme le disait il
y a sept ans mon ami Ancho Peña y Goni, au pied de la statue
d'Yparraguirre, « *hymne de passion intense, mélodie d'admiration,
soupir éloquent d'humilité et d'espérance, message de paix et
d'union* »; hymne impérissable qui est devenu, enfants du Pays
Basque, votre hymne national, et qui résume si bien les légendes
pieuses, les patriotiques fiertés de tout un peuple généreux.

Séparés par les traités, mais unis par des aspirations communes,
de par delà les monts, envoyons, Messieurs, une fraternelle poignée
de main à ces vaillants champions des libertés traditionnelles.

II

Qu'est-ce qui a fait la force de la nationalité basque ?

Évidemment, ce sont les institutions sociales consacrées dans ces constitutions si connues sous le nom magique de *Fueros*, en Espagne, sous celui de *Fors* en France.

Notre collègue, M. Vinson, qui s'est constitué l'historiographe autorisé de votre langue, a donné dans son beau livre, *Le Pays Basque et les Basques*, un résumé lumineux de ces institutions reposant sur l'indépendance absolue, en *fait* et en *droit*, des provinces qu'ils avaient pieusement conservées.

Le regretté M. de Soraluce, dont le nom est si dignement représenté à Saint-Sébastien, à écrit d'importants ouvrages sur les Fueros de Guipuzcoa, comme l'a fait en Biscaye le populaire Antonio de Trueba.

Le docteur Larrieu, pendant le cours de ce Congrès, les étudiera, avec le talent et la compétence qui l'ont fait classer parmi les plus savants érudits de votre région.

Dans les diverses monographies qui figurent au programme du Congrès, chaque auteur sera nécessairement amené à les invoquer, ces *Fueros* et ces *Fors* vénérables, parce qu'ils sont absolument la véritable raison d'être du Pays Basque.

Les *Fors* ne sont en effet autre chose que la résultante des usages, coutumes, privilèges et immunités de nos sept provinces : privilèges et immunités reconnus par les souverains, en récompense des services rendus à la cause nationale, et d'autant plus précieux que le sang de plusieurs générations en a scellé le contrat ; usages et coutumes consacrés par l'immémorialité de la tradition, et rendus plus sacrés par les souvenirs glorieux qui s'y rattachent.

Ces institutions peuvent varier dans la forme, selon la province à laquelle elles s'appliquent, elles ne varient nullement quant au fond : ce sont des institutions essentiellement démocratiques, dont le principe primordial, absolu, est le respect.

Confucius, dont les doctrines et surtout les exemples amenèrent en Chine un tel bouleversement moral, qu'on l'a pris longtemps pour un législateur, tandis qu'il n'était qu'un admirable missionnaire, Confucius disait : « Ma manière d'enseigner est fort simple :

je cite pour exemple la conduite des anciens, c'est-à-dire le respect des traditions. »

Je ne veux pas assurément faire de vous des Chinois, Messieurs du Pays Basque ; mais il est certain qu'à l'exemple des disciples de Confucius, *vous êtes les adeptes de la tradition* ; vous avez comme base, comme pierre angulaire fondamentale de vos institutions, *le respect.*

Et ce qui le démontre surabondamment, c'est que, sur le versant méridional des Pyrénées, *l'arbre de Guernica* a vu des générations de rois venir jurer le respect des Fueros de la Province ; que, sur le versant septentrional, le premier article de vos Fors de Navarre comme des Fors du Béarn affirme le respect absolu des usages, coutumes et privilèges de la Province, respect qui lie le souverain comme il lie les habitants ; à ces époques-là on ne connaissait ni chez vous ni chez nous le titre de *sujets* ; en voici le texte :

« Je jure que je serai fidèle et bon seigneur pour tous les habitants de la terre, et pour chacun d'eux en particulier ; je les maintiendrai dans leurs Fors, privilèges, coutumes et usages, écrits ou non écrits ; je les défendrai de tout mon pouvoir, je rendrai et ferai rendre justice au pauvre comme au riche. »

Le pays, par le serment de ses barons, « s'engageait à son tour à aider le souverain, à le conseiller, à le défendre ».

Admirable contrat synallagmatique qu'il est bon de rappeler à une époque *de progrès* où nous croyons résoudre naïvement tous les problèmes sociaux, en substituant de prétendus droits à d'incontestables devoirs.

Tandis que nos pères, qui apparaissent encore à certains esprits *fin de siècle* comme des sauvages à peine dégrossis, n'avaient qu'un mot, qu'un principe, droit et devoir tout à la fois... le respect !

Le respect de la loi dans la nation, qui fait la cohésion, la force et par conséquent l'union ; le respect de la loi dans la communauté, qui assure l'ordre par la discipline ; le respect de la loi dans la famille, qui en maintient la fécondité et la perpétuité ; le respect de la loi dans l'unité de la foi restée intacte, depuis que saint Léon, saint Saturnin, saint Firmin et tant d'autres sont venus substituer au Dieu mythique des premiers âges les enseignements consolants du christianisme ; ce respect de la loi, nous le retrouvons encore jusque dans la réglementation des convenances sociales et des plaisirs nationaux... J'avais entre les mains, il y a quelques jours, un livre écrit en basque, à la fin du dix-septième siècle, contenant les ordonnances et les prescriptions qui réglaient les danses locales et jusqu'au maintien dans la rue.

Cela peut faire au premier abord sourire le Français, qui généralement considère que les règlements de police sont faits pour être violés... mais l'influence de ce respect prescrit et observé en Pays Basque se fait encore sentir de nos jours, hier encore...

Car si vos soirées musicales de la place Louis XIV nous offrent le curieux spectacle d'un peuple qui danse au sommet des Pyrénées, comme le disaient Voltaire et Humboldt, elles nous permettent de constater avec quelle dignité atavique, grave dans sa gaieté, s'amuse votre intelligente, votre charmante population luzienne.

Chose particulière, Messieurs, alors que certains auteurs, frappés de terreur au seul nom de *Cantabres*, de *Vascons*, ou de *Basques*, en font des portraits peu séduisants, ils ne peuvent s'empêcher de conclure au respect de vos pères pour leurs lois...

Écoutez cette page curieuse d'un écrivain *français* du douzième siècle, *Emeric Picaud*, auteur du *Manuscrit de Compostelle*. Les termes en sont un peu crus : prenez-vous-en à son naïf auteur :

« Le Pays Basque ne produit que des pommiers, du cidre et du lait; leur principal revenu consistait dans les droits de passage qu'ils imposaient aux voyageurs et dans les déprédations directes ou indirectes qu'ils commettaient vis-à-vis d'eux : féroces, et leur visage inspirant l'effroi... ils sont noirs, méchants, perfides et sans foi... Corrompus, violents, sauvages, adonnés à l'ivrognerie et à la luxure, et tellement ennemis des Français que pour la moindre pièce de monnaie ils en assassinent un volontiers... mais, conclut-il, loyaux dans la guerre et respectueux de leur loi. »

Si ce portrait est exact, et *il faut bien le croire, puisque c'est écrit*, ainsi que le disent nos braves paysans, je me hâte de reconnaître que le temps a modifié bien des choses : l'hospitalité basquaise avec sa cordialité aimable n'a plus rien de commun avec le rançonnement dont tremblait encore en écrivant le courageux Emeric Picaud... Peut-être n'était-il jamais venu en Pays Basque. Cela se voit encore de nos jours : on écrit au coin de son feu un beau livre de voyage... aux Pyrénées notamment, et l'on y confond volontiers le Pays Basque et le Béarn, la Soule avec la Navarre, le Gave de Pau avec celui de Mauléon; mais on obtient des récompenses académiques et l'on est ainsi satisfait d'avoir instruit le peuple!

Au dix-septième siècle, le conseiller de Lancre est envoyé pour instruire, au nom du Parlement de Bordeaux, un procès de sorcellerie en Labourd... Le bon conseiller, habitué à la société raffinée de la capitale de la Guienne, se trouve fort surpris des habitudes simples et naïves des populations basquaises, et il relève, en se scandalisant..., qu'au Pays Basque, hommes et femmes font un usage immodéré du *pétun* ou nicotine, qui les fait sentir le sauvage... Il va jusqu'à leur reprocher leur danse *turbulente* et *découplée*... Voilà votre *Muchico*, votre *Aurescu* anathématisés!... Et il ajoute — excusez-moi — que les Basques ne se nourrissent que de pommes, ne boivent que du jus de pomme (du cidre) et veulent — oh! je vais glisser, — malgré la prohibition faite à notre premier père, mordre... indûment à bien d'autres pommes.

Enfin, jusqu'à l'aimable président Faget de Baure, qui, dans ses *Mémoires inédits*, au commencement de notre dix-neuvième siècle, cite ce mot piquant d'un philosophe grincheux évidemment : « Qu'on me donne le corps d'un Basque, je le fais disséquer, et je parie que l'on trouve sa tête autrement faite que celle des autres hommes » ; problème dont l'aimable anthropologiste le docteur Collignon nous donnera la solution savamment déduite, vous établissant si le Basque est ou n'est pas brachycéphale ou dolichocéphale !... Quoi qu'il en soit de tous ces griefs plus ou moins justifiés, disons sans fausse modestie que les Basques modernes ne ressemblent plus, heureusement, aux portraits que chacun, aux siècles passés, s'est plu à en faire, et félicitons-nous, avec votre compatriote Chaho, de ce que le Basque, depuis son établissement dans les Pyrénées, n'ait rien conservé d'invariable que sa divine langue et l'amour de la liberté originelle.

Ainsi que j'ai déjà eu l'honneur de vous le dire, d'autres de nos collègues du Congrès vous analyseront vos institutions séculaires : je ne veux en retenir, pour compléter ce rapide tableau, que l'une des formes les plus saisissantes, la plus classique, de ce respect auquel nous venons de rendre hommage : je veux parler *du respect de la femme*, que vos pères élevaient à la hauteur d'un véritable culte.

Le paganisme polythéiste n'était pas connu chez les Cantabres : ils adoraient le Dieu unique, maître et souverain Seigneur, dieu innommé, comme dit Strabon, en l'honneur duquel, pendant les nuits de pleine lune, on les voit, devant la porte de leurs habitations, avec leurs familles, chanter en chœur, exécuter des danses et célébrer des fêtes qui durent jusqu'au jour...

La théogonie païenne fut dédaignée dans vos montagnes, et quand les Romains voulurent leur faire apprécier le culte des idoles et de leurs dieux, il leur fut répondu par ces mots caractéristiques après lesquels il n'y avait plus à insister :

« Nous n'adorons que Dieu dans l'univers et nous n'élèverons point d'autels aux fantaisies poétiques imaginées par vos chanteurs et vos prêtres ; mais pour vous imiter en quelque chose, nous ne demanderons pas mieux que d'admettre des déesses sur la terre et de les adorer. »

Et comme la curiosité des Romains, vivement piquée, demandait quelles étaient ces déesses privilégiées, les Cantabres répondaient simplement, et sans doute une main sur la garde de leur épée, et l'autre sur leur cœur : « Nos femmes, si elles le veulent ! »

Un pareil hommage peut-il être jamais refusé par les femmes, Mesdames ? Je ne le crois pas... Les femmes cantabres — vous le leur reprocheriez s'il en eût été autrement, — les femmes cantabres acceptèrent, et on éleva aux dames, aux dominatrices, car en basque « andéré » veut dire femme et domination, des autels de gazon et de fleurs.

J'avoue qu'un pareil culte était plus fait pour séduire que celui de Saturne dévorant ses enfants, de Jupiter avec tous ses vilains défauts, de Junon avec son orgueil, et même de Minerve avec toute sa sagesse, son casque, sa cuirasse et son hibou.

A l'heure actuelle, ce respect de la femme dans la famille s'affirme toujours.

Le Basque ne tutoie jamais sa femme : il est vrai que la femme ne tutoie pas davantage son mari... et, ce qui semble contraire aux traditions de respect envers la femme, telles que nous les constations il n'y a qu'un instant, la maîtresse de maison, l'échéco Andéré, pas plus que la dañne béarnaise, ne s'asseoit à table avec les hommes de la maison, maîtres, hôtes et valets.

Je demandais il y a peu de jours la raison de cette anomalie à une très respectable mère de famille basquaise : elle me répondit en souriant : « Oh ! c'est que les hommes sont les messieurs, les seigneurs... ils nous gagnent la vie ! »

Touchante réciprocité de service et d'hommages !

Ces sacrifices que l'amour-propre féminin sait faire de nos jours à l'autorité masculine ne sont évidemment que *le rendu* du culte prêté autrefois à la femme basquaise.

Ce respect prend dans la constitution économique de la famille une forme toute spéciale que mettent en lumière les travaux du savant M. Le Play, dont je m'honore d'avoir été l'élève et dont je ne prononce jamais le nom sans un sentiment de respectueuse vénération : il a constaté dans le Pays Basque *l'existence de la famille souche*, que les Romains avaient eux-mêmes trouvée établie sur votre sol quand ils arrivèrent en Aquitaine.

« L'un des enfants marié près de ses parents vit en communauté avec eux, et perpétue avec leur concours les traditions des ancêtres. Les autres enfants s'établissent au dehors, quand ils ne préfèrent pas garder le célibat au foyer paternel : s'ils s'établissent ailleurs, ils créent de nouveaux foyers qui font souche à leur tour. »

Le savant économiste rend hommage à ce système et ajoute : « *Les Euskes* avaient une langue dite Euskara, qui s'identifiait avec leur race depuis un temps immémorial, et qui différait de toutes les autres langues de la Gaule. Depuis lors, ces peuples ont été envahis dans les plaines et refoulés dans les montagnes, où ils conservent encore leur langue, leurs mœurs et surtout les *coutumes de famille*; et quand toutes les races établies en France sont absorbées par la Révolution, seule la petite nationalité basquaise résiste : *elle ne s'est pas fondue, grâce à sa langue, grâce à l'organisation de la famille, qui développe la fécondité de la race et l'ascendant de la femme.* »

Dans le Pays Basque seul, vous trouvez encore la fille héritière Quatre filles sont nées dans une maison, un cinquième enfant survient, c'est un garçon : il ira se marier plus tard avec quelque héritière; mais dans sa maison paternelle il ne sera jamais qu'un quatrième *cadet* : *l'héritière* sera la fille aînée.

Cela s'explique logiquement : aventureux, entreprenants, les hommes partaient en guerre à la recherche d'émotions violentes, s'élançaient sur mer à la poursuite de la baleine ou de la morue; souvent ils ne revenaient pas, les intérêts familiaux étaient compromis. Que faire? La fille restait au logis, on la mariait... elle conservait le bien patrimonial, le dirigeait, élevait les enfants issus de son union avec quelque cadet de famille honorable dont elle avait fait choix, prince époux, consort heureux, soumis à l'autorité souveraine de la femme qui l'a enrichi.

Situation particulière bien étrange, je le reconnais, qui justifie

— dans ce que nos habitudes juridiques pourraient nous faire taxer de naïveté — le mot un peu sévère mis à la mode par notre réalisme contemporain : « On ne choisit pas ses fils, on choisit son gendre. »

Le culte des Basques pour la femme n'avait pas échappé à Annibal, lors de son passage dans les Pyrénées. A la suite de discussions violentes entre son armée et les populations basques, fatiguées par le passage incessant de peuples divers, il eut l'idée géniale de soumettre à l'arbitrage des femmes basquaises les différends soulevés entre les soldats et leurs maris.

Ce malin Carthaginois était bien vite devenu — par l'effet du voisinage — un rusé Gascon.

Ce fut un coup de maître.

Ce que les femmes voulurent, les dieux de l'Aquitaine le voulurent aussi : par celles-là, Annibal eut ceux-ci.

Quelques siècles plus tard, Strabon, le philosophe géographe, s'en montre scandalisé : en sa qualité de Grec, il eût dû mieux comprendre ces touchantes habitudes familiales.

Car enfin l'ascendant de la femme dans la civilisation grecque est incontestable.

La femme représentant pour cette nation avide de symboles le beau dans ses plus pures incarnations, les noms d'Aspasie, de Laïs et de Phryné se rattachaient — je constate, Messieurs, je ne discute pas — à l'illustration de Phidias, de Praxitèle, d'Apelle, à la gloire même d'Athènes.

Dans les grandes manifestations de l'art qu'elles avaient inspirées, les Athéniens voyaient comme une éblouissante émanation de la patrie.

C'est qu'alors aussi, dans cette société raffinée, la femme s'imposait par l'incontestable supériorité de son esprit et de son patriotisme. Périclès ne rougissait pas d'associer Aspasie à l'exercice du pouvoir; le peuple ne s'en offusquait point : il consacrait des temples à Vénus.

Il fallut les lumières du christianisme pour éteindre le feu des autels de Cnide et de Paphos.

Mais ce que le géographe Strabon doit trouver tout simple en Grèce, il le stigmatise en Cantabrie :

« Le pouvoir, dit-il, dont le sexe jouit chez les Cantabres, la dot que les maris apportent à leurs femmes, le titre et les privilèges d'héritière donnés aux filles qui se chargent d'établir leurs frères, tous ces usages ne sont guère un signe de civilisation... »

Or Strabon écrivait *soixante ans* avant l'ère chrétienne : il y a par conséquent *mille neuf cent cinquante-sept ans* qu'il constatait l'existence, en *Pays Basque*, de la famille souche.

A cette époque, je vous le demande, où en était la civilisation familiale dans notre vieille Europe? où en était notre grande et chère France? où, *sa fidèle alliée* l'Angleterre? l'Allemagne, sa voisine discrète? la Russie, son amie? et même la Turquie, sa pupille? Je ne parle pas de l'Italie : elle se contentait d'être la terre des vieux Romains et des Néo-Grecs : elle n'était pas encore devenue le conservatoire modèle de l'homicide politique! Strabon, le vieux géographe, était vraiment peu galant, Mesdames; et quel mauvais parti ne lui ferait-on pas s'il vivait de nos jours?

Nous l'enverrions se mettre d'accord avec l'école nouvelle des *féministes*, avec ceux qui ne se contentent plus du pouvoir certain et fort heureux exercé par la femme chrétienne sur les hommes de tous les temps et de tous les pays, mais veulent encore, au nom d'une civilisation débordante, leur donner une fort large part dans la direction des États.

Je ne sais vraiment pas si les affaires publiques y gagneraient beaucoup. Commettrai-je un crime à vos yeux en déclarant que je ne le crois pas?

Si vous y teniez à tout prix, et uniquement pour vous être agréable, je consentirais volontiers à me déclarer satisfait de voir quelques-unes d'entre vous présider un calme Sénat, et même, au souvenir d'Annibal, l'heureuse Justice de Paix de Saint-Jean-de-Luz ou d'Espelette.

Je ne vous vois pas bien vous jetant dans la mêlée de nos batailles électorales ou parlementaires, discutant au barreau parfois très vivement sur les charmes du mur mitoyen et les prérogatives de la femme dotale, avec quelque confrère peu galant ou peu discret...

Je ne dis pas que ce spectacle nouveau ne présenterait pas un côté piquant que la froideur de nos codes refuse trop souvent à nos thèses masculines.

Mais le charme dont le Créateur a fait l'apanage de votre sexe aurait trop à y perdre : les féministes eux-mêmes les plus résolus, bien vite désenchantés, ne tarderaient pas à demander avec nous que vous veniez reprendre, dans le rayonnement de vos grâces traditionnelles, votre place dans la maison un moment abandonnée, autour du berceau où sommeillent nos espérances ; au pied du lit de souffrance d'êtres chéris, à la table de famille qui sans vous semble vide, en un mot à ce cher foyer domestique dont vous êtes le charme aimé et la providentielle consolation!

III

Il nous reste à voir ce que devient, en présence des événements de l'histoire moderne, la nationalité basque.

Sur le versant septentrional des Pyrénées, la confédération basque brisée, le Labourd, enlevé aux Anglais chassés de Bayonne par Gaston de Foix, se confondit avec le royaume de France, qui lui conserva certaines précieuses immunités, et notamment une vie municipale élargie. La Soule resta, avec sa coutume « gardée et observée de toute ancienneté, terre franche, d'origine libre et franche, de franche condition, sans aucune tache de servitude ». Ce sont les termes de l'article premier de ses Fors : passant de la vicomté de Béarn à la couronne de France, puis rentrant dans les domaines des princes béarnais, domaines qui, avec la Navarre démembrée (Basse-Navarre), vicomté de Béarn, comté de Foix, duché d'Albret et ses puissantes annexes, formèrent le royaume de Navarre, dont les rois de France portèrent le titre et dont ils respectèrent les Fors jusqu'à la veille même de la Révolution : le roi Louis XVI fut le dernier roi qui prêta serment aux Fors de Béarn et Navarre.

Après les tristesses du démembrement, viennent celles, bien cruelles aussi, des guerres de religion : le Pays Basque-Français résiste, se défend, comme il a appris de ses ancêtres à se défendre contre tout ce qui n'est pas sa constitution et sa foi; mais le calme se fait, la paix se rétablit grâce aux charmes ensorcelants, aux irrésistibles sympathies qui se dégagent du jeune *prince de Navarre*, l'enfant du château de Pau, aimable et bon, à l'esprit alerte, aux fines reparties, dont la philosophie pratique, la générosité sans égale, ouvrent tous les cœurs, comme son épée vaillante, jamais lassée, fait tomber les portes de toutes les forteresses... Et voyez-les alors, vos pères, se lancer à la suite de son panache légendaire, avec leurs frères gascons et béarnais, dans les grandes chevauchées héroïques à travers la France conquise : battant Joyeuse à Coutras,

Mayenne à Arques et à Ivry, et sous les murs de Paris, surpris par leur audace, charmé par leur générosité, scellant de leur sang magnanime la pierre fondamentale de l'édifice magnifique de notre unité nationale.

Encore une fois, Messieurs, saluons les exploits de nos pères et ne les oublions jamais...

Un jour d'épreuve plus poignante et plus cruelle se montre encore...

Le moment est venu où la vieille société française, ébranlée jusque dans ses fondements les plus profonds, doit prendre une orientation nouvelle.

L'heure des grands rajeunissements a sonné : c'est le réveil d'un monde nouveau.

L'œuvre colossale de la Révolution française commence par un appel à tous les dévouements, comme à tous les sacrifices. Sur l'autel de la patrie chacun viendra déposer ses droits, ses privilèges, ses libertés, pour aider à l'organisation définitive de cette unité qui a déjà fait couler tant de sang.

L'émotion en Navarre, en Soule, en Labourd, en Béarn, est à son comble; il faut que ces vieux pays francs et libres envoient des députés aux États généraux de Versailles.

Chaque province est invitée, pour ne pas dire sommée, à faire connaître dans *ses cahiers de griefs* ses aspirations nouvelles.

Les États de Navarre se demandent s'ils doivent obtempérer à la sommation du pouvoir central.

Et c'est ici que l'esprit législateur de nos pères s'affirme, superbement inspiré par le sentiment de la dignité nationale.

Un jurisconsulte se charge d'étudier la question de savoir si la Navarre se soumettra.

Écoutez, Messieurs, ses sages paroles :

« Je vous propose de redevenir ce que vous fûtes autrefois, ce que vous n'auriez jamais dû cesser d'être, un peuple libre et indépendant, exerçant par ses États généraux, ses représentants, la puissance législative, n'offrant à ses rois que des dons volontaires, s'imposant lui-même et ne reconnaissant à aucune autre puissance le droit de l'imposer.

« Je vous propose de faire réparer tous les griefs, toutes les atteintes qui ont été portées à votre constitution et à vos droits depuis la mort du bon Henri.

« Vous n'avez besoin que de vous-mêmes pour reprendre l'exercice de votre puissance législative. Dressez le cahier le plus complet de vos griefs; c'est à des Navarrais que je parle, à un peuple qui a conservé tous ses titres et qui n'a rien perdu de son énergie.

« Il n'y a pas à craindre qu'on vous accuse de sédition, lorsque vous ne ferez que réclamer l'exécution des Fors : les Fors sont les titres communs des rois et de la nation. »

Et l'auteur du mémoire faisant, dans un rapprochement piquant, le portrait du peuple français, léger, frivole, n'ayant pas depuis mille ans connu, comme les Navarrais, les charmes de la liberté, et trouvant cependant la force nécessaire pour la revendiquer, il ajoute :

« Voilà, Messieurs, le modèle que j'ose vous offrir; vous avez bien moins à faire que la France; vous n'avez jamais perdu de vue votre liberté, car, quoiqu'on l'ait entamée plus d'une fois, on ne l'a jamais contestée.

« L'ancienne constitution de la France valait presque la nôtre; mais vous n'avez pas besoin, comme elle, d'aller la chercher à mille ans de distance, vos titres sont sous la main... *Vous avez le bonheur* d'être encore pauvres..., le luxe ne vous a pas corrompus, vous aimez vos pères, vos mères, vos femmes, vos enfants; vous comptez votre patrie pour quelque chose, vous n'avez rien perdu du courage de vos ancêtres : leurs mœurs et leurs vertus sont les vôtres...

« Que craindriez-vous donc?

« Le peuple navarrais est courageux; on ne l'attaque jamais impunément dans ses montagnes; il sera toujours prêt à périr pour la défense de ses foyers et de sa liberté... Mais peu nombreux, faible, il est au milieu de deux puissances formidables : il lui faut l'une des deux pour appui : *c'est la vigne se mariant à l'ormeau !*... Le moment où la Navarre cesserait d'appartenir à la France, elle serait envahie par l'Espagne : ce ne serait plus alors un peuple législateur, mais un peuple esclave. »

Et comme le plus beau titre revendiqué par les Basques était celui de *peuple législateur*, l'auteur du mémoire conclut à l'envoi de députés navarrais aux États généraux de Versailles à l'effet d'y défendre les droits de leur petite patrie.

Quatre députés navarrais sont élus. Ce sont, pour le clergé : Mgr de La Ville-Vieille, évêque de Bayonne ;

Pour la noblesse : le marquis de Logras ;

Pour le tiers-état : MM. Vivier et Franchistéguy.

La Soule est représentée par M. de La Ville-Outreix, pour le clergé;

Le marquis d'Uhart, pour la noblesse;

MM. d'Arraing et Laborde-Escurret, pour le tiers-état.

Le Labourd élit pour commissaires : MM. Haraneder père et fils, vicomte de Macaye, Pierre de Lalande et Pierre Haitze.

Faut-il rappeler que le Béarn, après de longues hésitations, envoya comme députés du tiers-état des hommes dont le souvenir n'est pas encore perdu : Mourot, Noussitou, Pémartin et d'Arnaudat?

Les abbés Saurine et Jullien représentaient le clergé; le comte de Gramont et le marquis d'Esqiule, la noblesse.

Nos députés navarrais, arrivés à Versailles, établissent par une lettre très explicite que l'intérêt et le vœu de la Navarre étaient d'être indissolublement liée à la France, *par un lien fédératif;* et ils insistent pour que le roi convoque à Saint-Palais les États de Navarre, qui étudieront la question de savoir s'il y a lieu de se réunir à la France, au cas où la constitution projetée leur apparaîtrait aussi bonne que la leur.

La convocation ne put être obtenue : les idées nouvelles avançaient à grands pas; les députés se retirèrent, emportant au fond du cœur une blessure profonde qu'un héroïque patriotisme seul fut capable de cicatriser.

Le sens législatif des Basques s'affirmait dans les cahiers du Labourd, qui, étudiant les pouvoirs à donner à ses commissaires, s'exprimaient ainsi :

« Toute limitation à leurs pouvoirs serait essentiellement contraire à l'objet de leur mission : ils sont envoyés à une assemblée de la nation, non pas pour y imposer des lois à ses autres représentants, mais pour y discuter avec eux les meilleures lois possibles, soit sur la constitution de l'État, soit sur toutes les parties de son administration. Il faut dès lors s'abandonner à leur conscience et à leurs lumières, et que sur les vœux et les réclamations mêmes qu'ils sont chargés d'y présenter, comme sur tous les autres qui s'y proposeront, ils soient libres de se ranger du parti où une discussion *calme* et *patriotique* leur fera connaître *la vérité, la justice* et le bonheur général de la nation. »

Admirable procédure parlementaire, qui aurait pu servir de modèle et d'exemple à bien d'autres générations! Superbe hommage rendu à la conscience des mandataires du pays !

Les braves gens qui signaient ces pages ne vous semblent-ils pas plus sages que les inventeurs du mandat impératif et de l'excommunication politique?

Quant à la Soule, son député, le marquis d'Uhart, déclara à la tribune que si l'assemblée adoptait le projet de réunion de la Soule au Béarn, pour en faire le département des Basses-Pyrénées, il y aurait à redouter une explosion prête à éclater.

Le bon sens des populations pyrénéennes, mûri précisément par l'exercice de la liberté, par l'étude respectueuse de leurs législations forales, les préserva des explosions redoutées.

Habituées à réfléchir, à peser leurs décisions, elles ne perdirent pas leur sang-froid... c'est un hommage à leur rendre, aussi bien qu'aux hommes de cœur auxquels le choix de leurs concitoyens avait confié le périlleux honneur de défendre leurs intérêts à Versailles.

Ah! cependant, Messieurs, l'épreuve était cruelle !

Les Fors de Navarre, comme ceux de Béarn, comme la coutume de Soule, avaient fait, pendant la plus longue période de l'humanité connue, le bonheur de nos petites patries...

Et tandis que l'Europe, encore dans les langes d'une civilisation à peine esquissée, était déchirée et par la conquête et par les guerres civiles, nos provinces pyrénéennes vivaient heureuses sous l'abri de leurs institutions nationales.

Témoins vénérables de la sagesse des ancêtres, ces institutions avaient assuré à nos pères la dignité dans le travail!, la liberté individuelle dans l'indépendance de la nation; elles avaient éclairé la genèse de peuples aussi législateurs que guerriers, et ceux-ci avaient pu, grâce à elles, se maintenir en cet état unique, exemplaire, sans avoir à recourir à ce que nous désignons aujourd'hui par un euphémisme d'une ironie sanglante... le concert européen!...

Le vent d'égalisation, d'unification, d'absorption qui souffle autour de la constitution naissante menace de tout emporter de ce qui reste de ce passé glorieux.

L'émoi est grand. Le trouble est profond. Et certes, s'il y eut des protestations, il ne faut pas s'en étonner, encore moins les blâmer...

Comme je l'ai déjà dit dans une autre enceinte, pour l'honneur de nos quatre provinces, ces cris de la conscience nationale étaient nécessaires : le sacrifice ne devait être que plus beau...

Et puis, s'il en eût été autrement, il eût semblé que de leurs tombes, où glorieux ils s'étaient endormis, confiants dans les destinées du pays, nos pères allaient renier nos descendants;

Eux, les législateurs qui avaient si longtemps fondé, élargi, assuré les institutions du pays libre;

Eux, les guerriers qui avaient si longtemps contenu et fait reculer les ennemis de la terre franche...

Et l'on s'inclina !...

L'assemblée des commissaires béarnais réunis à Pau le 26 octobre 1789 avait déclaré que « le salut de la patrie et le bonheur de l'empire ne peuvent se trouver que dans l'union intime de toutes les parties de l'État, et qu'il n'existe pas de plus beau titre que celui de Français »...

Ces paroles, inspirées par le sage Mourot, eurent un profond retentissement dans tout l'ancien royaume de Navarre : l'apaisement se fit dans une union, jamais troublée depuis...

Faut-il vous rappeler, Mesdames et Messieurs, ce qui a suivi cette époque mémorable, véritable tournant de l'histoire, qui ouvrait la voie au dix-neuvième siècle ?

Oh ! nous touchons ici à l'histoire contemporaine, dont il est toujours grave de remuer, en pareille occasion, les trop jeunes événements.

Ce que je puis dire, ce que je dois dire, ce que vous me reprocheriez de ne pas dire hautement, au risque de me voir taxer de flagornerie intéressée, c'est que, le sacrifice consommé, les Fors irrémédiablement perdus, l'unité nationale proclamée, la France n'a pas eu de meilleurs citoyens, de meilleurs soldats, de fils meilleurs que les Basques.

Ils tinrent à bien établir par leur attitude absolument patriotique que les leçons ancestrales n'avaient pas été perdues, et que *l'esprit des vieux âges*, rappelé récemment par l'éminent auteur de *Ramuntcho, ne cessait de planer dans l'air autour d'eux.*

Sentinelles avancées de la France unifiée, comme ils l'avaient été de la Gascogne et de la Navarre menacées, ils surent opposer leurs fières poitrines à toutes les agressions; la frontière pyrénéenne fut encore tracée pendant les guerres de la Révolution et de l'Empire par leur sang généreux.

On vous redira dans le cours de ce Congrès les gestes de vos pères pendant les grands jours de l'épopée révolutionnaire et impériale; mais je ne puis prononcer le mot de frontière en face de notre imposante chaîne pyrénéenne sans songer à l'héroïque Harispe, qui, en 1793, avec les intrépides chasseurs basques d'abord, ensuite avec sa division d'arrière-garde en 1814, a gravé sur le marbre de nos montagnes d'impérissables souvenirs... Et il ne fut pas le seul héros de sa famille... A Iena, l'empereur passe devant le 4° léger composé de Basques :

« — Vous avez là un beau régiment, colonel.

— Plus brave que beau, Sire, répond le colonel.

— Nous le verrons tout à l'heure », riposte l'empereur.

Et le soir, après la victoire, le colonel Harispe, fait général sur le champ de bataille, porté blessé devant Napoléon, lui rendait l'hommage de ses trois frères couchés ce même jour au champ d'honneur.

N'avais-je pas raison de vous dire, en commençant cette trop longue causerie, que, pour un peuple qui n'a pas d'histoire, vous trouveriez que beaucoup d'historiens se sont occupés du peuple basque ?

Mais ne vous semble-t-il pas surtout qu'il s'est chargé lui-même d'écrire son histoire, et une belle histoire, en actions ?

Vous avez fait acte de véritable et intelligent patriotisme, Messieurs de la Société nationale d'Ethnographie, en organisant ces congrès, ces expositions, et grâce à eux en recueillant les éléments d'une histoire complète, sincère, digne de tout crédit.

Pour le peuple basque, c'est un hommage bien légitime et bien précieux que vous lui rendez, et dans lequel il doit puiser de beaux enseignements, de salutaires leçons.

Il doit voir dans notre œuvre, comme je l'y vois moi-même, une reprise d'intensité de vie, une affirmation éclatante de vitalité.

La tradition doit les attirer, car la tradition, ce n'est pas la mort, c'est la vie avec son perpétuel rajeunissement.

Comme nous le disait hier dans un fort beau langage notre éminent compatriote M. de Fourcaud, que M. le Ministre de l'Instruction publique a eu l'heureuse pensée — dont nous lui sommes très reconnaissants — de déléguer pour le représenter au milieu de nous, « la tradition, ce n'est pas le séparatisme, c'est la manifestation d'originalité provinciale qui ne saurait nuire à la constitution nationale ».

Permettez-moi donc, pâle écho de son éloquence, de vous redire avec lui :

« Prenez conscience de vos traditions. Garder les leçons de ses ancêtres, ce n'est pas revenir en arrière ! Plus vous serez Basques, plus vous serez Français. »

Donc, amis du Pays Basque, haut le front, haut les cœurs et en avant !

Je termine en vous proposant de protester avec moi contre l'idée désolante que je trouvais énoncée par un Basque, qui a écrit sur l'origine des Basques :

« Les gladiateurs saluaient César avant de tomber égorgés. N'attendons pas ce servile, ce dérisoire hommage des Basques qui vont aussi mourir... C'est à nous de saluer d'un dernier, d'un sympathique adieu, le clan des Euskariens de France et d'Espagne, les fils des Cantabres de la Rome antique... », etc., etc. Je n'achève pas.

Certes la défense des Basques d'Espagne est en bonnes mains, dans celles des Guipuzcoans éminents qui sont venus à cette séance nous apporter le témoignage de leur précieuse confraternité.

C'est à vous, Basques français, qu'il appartient de protester énergiquement contre ces paroles d'un Basque français.

Assurément — et c'est la loi heureuse du progrès, — tout se transforme dans l'humanité : législations, langues, esprits. intelligences, institutions, mœurs, coutumes... Une seule chose doit rester immuable : l'amour de l'homme pour tout ce qui doit être aimé... Rassurez-les donc, ces pessimistes qui voient le Pays Basque mourant, qui affirment du haut de leur dogmatique erronée que la nationalité basquaise doit fatalement disparaître, et dites-leur hardiment : Cela n'est pas vrai !

Non, un peuple ne meurt pas quand, ainsi que vous savez le faire, dans toute l'ardeur de votre fière indépendance, il aime les souvenirs de deux mille ans d'une histoire insuffisamment connue peut-être, mais suffisamment affirmée par des actes irrécusablement glorieux.

Non, un peuple ne meurt pas qui aime, comme vous, la foi de ses pères, résistant à toutes les épreuves, à toutes les invasions !

Non, un peuple ne meurt pas qui aime, comme vous, sa langue maternelle, cette langue mystérieuse et troublante qui, du berceau jusqu'à la tombe, exprime tantôt avec une énergie rare, tantôt avec une si séduisante harmonie les sentiments de tant de générations toujours jeunes et toujours inspirées dans leur inaltérable poésie...

Non, un peuple ne meurt pas qui, comme vous, peut donner,

dans la seule période que nous venons de vivre : aux lettres, un poète comme Elissambouru ; aux sciences, un savant comme Antoine d'Abbadie ; aux beaux-arts, celui que nous aimons à nommer notre grand Bonnat, toujours debout et en avant quand il s'agit d'accroître le patrimoine d'honneur de la nation !

Non, un peuple ne meurt pas qui aime enfin, comme vous le faites, le drapeau national, aussi pieusement chéri dans ses épreuves imméritées que dans ses victoires inoubliées, flottant respecté partout où la civilisation menacée et la conscience humaine confiante réclament le concours de sa force et le prestige de sa gloire !...

Il vivra toujours, ce peuple qui garde au fond du cœur le culte sacré de toutes ces grandes et saintes harmonies, faisceau magnifique que tous ici, dans un sentiment commun d'admiration filiale et d'irréductible amour, nous saluons de ce mot divin : La Patrie !

ADRIEN PLANTÉ.

16 août 1897.

LIGUGÉ (Vienne)

IMPRIMERIE SAINT-MARTIN

M. BLUTÉ